Sandra Kra

Spielerischer Lernspaß Religion

1./2. Klasse

Mit Rätseln und Spielen Lehrplaninhalte einleiten, wiederholen, festigen

Auer Verlag

Die Herausgeber:

Marco Bettner – Rektor als Ausbildungsleiter

Dr. Erik Dinges – Schulleiter, Referent in der Lehrerfort- und Lehrerweiterbildung

Die Autorin:

Sandra Kraus – Förderschullehrerin, langjährige Berufserfahrung an einer Grundschule

Gedruckt auf umweltbewusst gefertigtem, chlorfrei gebleichtem
und alterungsbeständigem Papier.

1. Auflage 2011
Nach den seit 2006 amtlich gültigen Regelungen der Rechtschreibung

Illustrationen im Innenteil: Bettina Weyland
Satz: Fotosatz H. Buck, Kumhausen
Druck und Bindung: ■
ISBN 978-3-403-**06706**-1

www.auer-verlag.de

Inhalt

Die Schöpfung

Miteinander umgehen

Feste feiern

Jesus kennenlernen

Unsere Kirche

Geschichten aus der Bibel

Vorwort

In diesem Band finden Sie zahlreiche Anregungen für einen spannenden Religionsunterricht.
Die Unterrichtsvorschläge orientieren sich an wichtigen Themen der Lehrpläne. Die Materialien sind spielerisch, abwechslungsreich und motivierend angelegt. Ziel dabei ist es, den Schülerinnen und Schülern einen handlungsorientierten Zugang zu den Themen des Religionsunterrichts zu ermöglichen. Der Religionsunterricht wird auf diese Weise zu einem positiven Lernerlebnis.
Die Umsetzung der Ideen dauert jeweils ca. zehn Minuten. Sie können die Unterrichtsvorschläge als motivierenden Stundeneinstieg nutzen, zum Beenden einer Stunde oder einfach zwischendurch. Da die Unterrichtsvorschläge keine umfangreiche Vorbereitung erfordern, können Sie sie auch recht spontan in Ihren Unterricht integrieren.
Viele der Unterrichtsvorschläge sind als Kopiervorlage gestaltet, sodass die Spiele und Rätsel direkt an die Schülerhand gegeben werden können. Diese Vorlagen erkennen Sie an **KV** in der Fußzeile.

Viel Freude beim Rätseln und Spielen wünscht Ihnen

Sandra Kraus

Materialaufstellung und Hinweise

EA = Einzelarbeit, PA = Partnerarbeit, GA = Gruppenarbeit, PL = Plenum

Die Schöpfung

Seite	Thema	Arbeitsform	Material	Hinweise
8	Licht und Dunkelheit	PL	Auftragskarten	Die Aufträge müssen zuvor formuliert und ggf. laminiert werden. Beispiele für Arbeitsaufträge befinden sich auf dem Anleitungsblatt.
10	Himmel, Wasser und Erde	PL	Blatt Papier, Farben, evtl. Musik	
13	Sonne, Mond und Sterne	EA bis PL möglich	Kressesamen, Küchenrolle, Schuhkarton, Tonkarton, fluoreszierendes Klebeband, Haushaltsgummis, Schere	
16	Alle Vögel fliegen hoch: Puzzle Alle Vögel fliegen hoch: Spiel	EA PL	Schere, Kleber	
18	Tiere, Tiere, Tiere: Bild Tiere, Tiere, Tiere: Pantomine	EA PL	Buntstifte Tierkarten	Die Tierkarten sollten zuvor ausgeschnitten und laminiert werden.
20	Würfelspiel Mülltrennung	PA oder GA	Spielplan, Würfel, Spielfiguren, Karten	Die Karten müssen in der entsprechenden Gruppenanzahl kopiert und ausgeschnitten werden.

Miteinander umgehen

Seite	Thema	Arbeitsform	Material	Hinweise
23	Gefühle: Barometer Gefühle: Pantomine	EA PL	Gefühlskärtchen	Die Gefühlskärtchen können helfen, falls den Kindern keine Gefühle einfallen. Dazu die Karten ausschneiden und ggf. laminieren.
25	Wem gehört es?	PL	Beutel zum Einsammeln	
26	Personenraten	EA/PL	Stift, Zettel	
27	Namen-Scrabble®	PL	Buchstabenkarten in ausreichender Anzahl, leeres Plakat, Schere, Kleber	
29	Sankt Martin	EA	Schere, Kleber	
30	Ich helfe dir	EA, PA	ein Blatt aus dem Zeichenblock, ein Stift	

Feste feiern

Seite	Thema	Arbeitsform	Material	Hinweise
32	Ostergrüße senden	EA	Tonkarton, Schere, Kleber	
33	Ostern: Stille Post	PL		Einfacher ist es, wenn Sie sich Sätze ausdenken, die zum Osterthema passen und den Anfang der „Stillen Post“ machen.
35	Erntedank: Früchte und Gemüse raten Erntedank: Bild Erntedank: Quiz	GA oder PL EA EA	verschiedene Früchte, Augenbinde	Die Früchte sollten bereits gewaschen und teilweise in verzehrfertige Stücke geschnitten sein. Die restlichen Früchte können nach dem Raten von den Kindern zu einem Obstsalat o. Ä. zubereitet werden.
38	Adventsrätsel	EA		
40	Weihnachtsmemory®	PA	Schere	Die Karten sollten auf festeres Papier kopiert werden.

Jesus kennenlernen

Seite	Thema	Arbeitsform	Material	Hinweise
41	Jesus und seine Apostel	EA		
43	Jesus hat ein großes Herz	EA		
45	Jesus erzählt vom guten Hirten	EA		
47	Jesus heilt einen Taubstummen	EA/PL	Auftragskarten	Die Auftragskarten sollten zuvor ausgeschnitten und ggf. laminiert werden.
50	Jesus macht Blinde sehend	PL	evtl. Augenbinde	
52	Jesus: Suchsel	EA		

Unsere Kirche

Seite	Thema	Arbeitsform	Material	Hinweise
53	Unsere Kirche	EA		
54	In der Kirche	EA	Schere, Kleber	
55	Kirchenrallye	GA	Aufgabenblatt	Diese Aufgabe ist für einen gemeinsamen Besuch in der Kirche gedacht.
56	Unterschiede	EA		In dieser Übung wird keine Rücksicht auf den Unterschied in der Betrachtung der Hostie gemacht. Für Katholiken ist die Hostie der wirkliche Leib Christi, während sie in der evangelischen Kirche nur als Symbol dafür betrachtet wird. Für die Schülerinnen und Schüler ist die Darstellung dieses Unterschiedes im Rahmen dieser Übung sicherlich eine Überforderung. Im Unterrichtsgespräch kann dieser Aspekt jedoch durchaus seinen Platz finden.
57	Kirchen-Domino	EA/PA	Schere, Kleber	
58	Geheimschrift	EA		

Geschichten aus der Bibel

Seite	Thema	Arbeitsform	Material	Hinweise
59	David und Goliath	EA		
61	Der Turmbau von Babel	EA/PL	Material aus dem Klassenraum	
62	Die Arche Noah	EA	Schere, Kleber, Buntstifte	
63	Die Rebe	EA		
65	Abrahams Weg nach Kanaan: Rätsel Abrahams Weg nach Kanaan: Spiel	EA GA		
67	Jakob und Esau	EA		

1	**Licht und Dunkelheit (1)**

Anleitung: Das Klassenzimmer muss abgedunkelt werden, das Licht soll aber zunächst an bleiben.

Ein Kind kommt nach vorn und bekommt einen Auftrag.
Nun wird das Licht ausgemacht.
Das Kind muss den Auftrag, ohne zu sprechen, im Dunkeln erfüllen.
Wenn es fertig ist, ruft es „Es werde Licht“ und das Licht geht wieder an.

Können die anderen Kinder sehen, was der Auftrag war?
Das Kind soll berichten, was schwierig an der Erfüllung des Auftrags im Dunkeln war.

Mögliche Aufträge (können dem Kind entweder ins Ohr geflüstert oder, falls möglich, vom Kind eigenständig erlesen werden):

Gehe zur Tafel.
Nimm weiße Kreide und male einen ☺ an die Tafel.

Gehe zu deiner Schultasche.
Nimm etwas heraus und lege es auf den Lehrertisch.

Gehe zur Tafel.
Wische mit dem Schwamm den ☺ wieder weg.

Gehe zu einem Tisch.
Nimm einen Stift aus dem Mäppchen.

Gehe zur Tafel.
Schreibe eine Rechenaufgabe an.

Gehe zur Tafel.
Löse die Rechenaufgabe und schreibe das Ergebnis an.

1	Licht und Dunkelheit (2)

Aufgabe: Lies dir die Spielanleitung durch.

Spielt das Spiel in der Klasse.

Verstecken im Dunkeln

Anleitung: Ein Mitspieler geht vor die Klassenzimmertür.
Alle anderen verstecken sich im Klassenraum.

Das Licht wird ausgemacht.

Der Mitspieler kommt herein und sucht die anderen im Dunkeln.

Tipp: Wenn die Verstecke so gut sind, dass keiner mehr gefunden wird, dürfen die Versteckten leise Geräusche machen.

2	**Himmel, Wasser und Erde (1)**

Anleitung: Jedes Kind benötigt ein Blatt Papier und Farben (Wasserfarben, Filzstifte, Buntstifte oder Wachsmalfarben).

Jedes Kind beginnt, auf seinem Blatt zu malen.
Sie sagen an, was gemalt werden soll: Himmel, Wasser oder Erde.

Nach etwa einer Minute müssen die Kinder ihr Blatt liegen lassen und zu einem anderen Platz gehen. Sie sagen erneut „Himmel“, „Wasser“ oder „Erde“. Nun sollen die Kinder an dem von einem anderen Kind angefangenen Bild weitermalen.
Während der Mal-Zeit kann Musik gespielt werden.

In der vorletzten Runde kündigen Sie bitte an, dass nur noch eine Runde folgt, die Bilder also fertiggestellt werden sollen.

2	**Himmel, Wasser und Erde (2)**	

Anleitung: Alle Kinder laufen im Raum herum.
Auf Ihre Kommandos (Himmel, Erde oder Wasser) müssen die Kinder unterschiedliche Dinge tun:

Himmel:
möglichst groß machen und die Hände zum Himmel strecken

Erde:
In die Hocke gehen

Wasser:
auf einen Stuhl oder eine Bank stellen

Wer die Aufgabe zuletzt erfüllt, scheidet aus.

2 Himmel, Wasser und Erde (3)

Aufgabe: Male einen blauen Himmel mit zwei weißen Wolken.

Zwei schwarze Vögel fliegen unter den Wolken.

Auf einem See schwimmt eine gelbe Ente.

Neben dem See stehen drei Bäume.

Die Bäume haben viele grüne Blätter.

3 Sonne, Mond und Sterne (1)

Am vierten Tag erschuf Gott die Sonne, den Mond und die Sterne.

Die Sonne ist sehr wichtig.

Alle Lebewesen brauchen ihr Licht zum Leben.

Aufgabe: Probiere es selbst aus.

Anleitung:

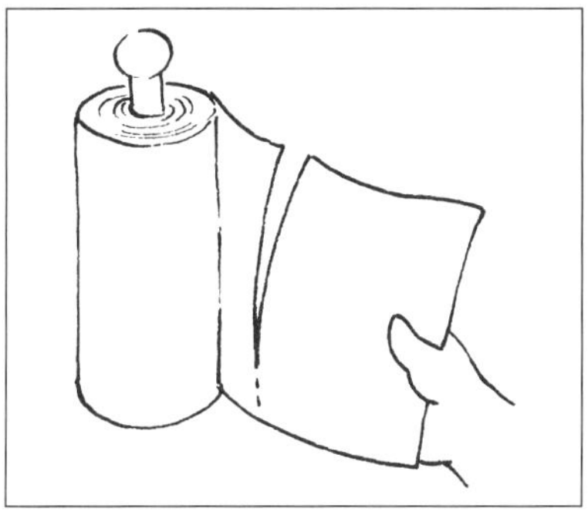

Nimm ein Stück Küchenrolle.

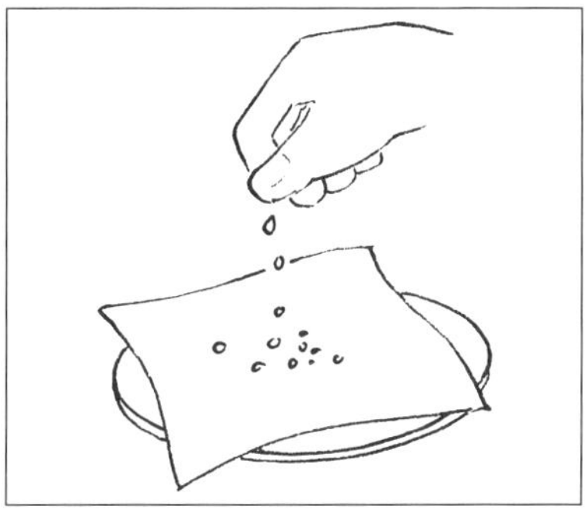

Lege einige Kresse-Samen darauf.

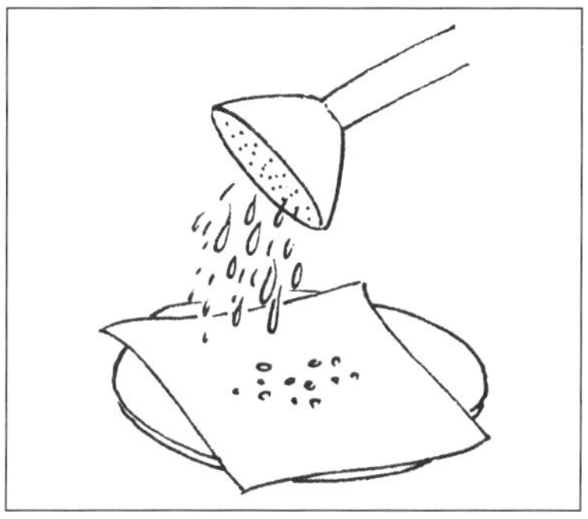

Befeuchte sie mit etwas Wasser.

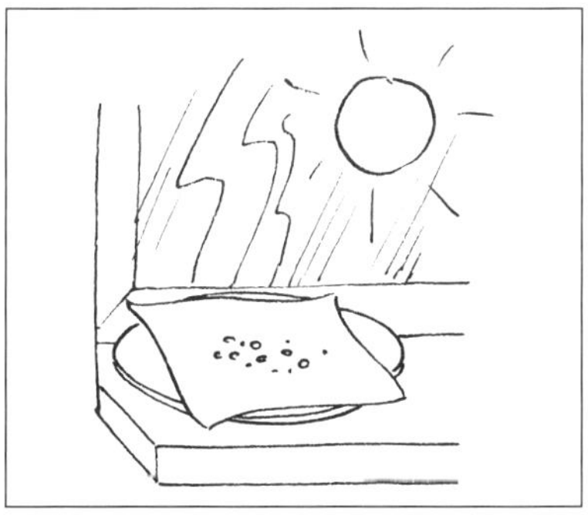

Stelle die Kresse ans Fenster.

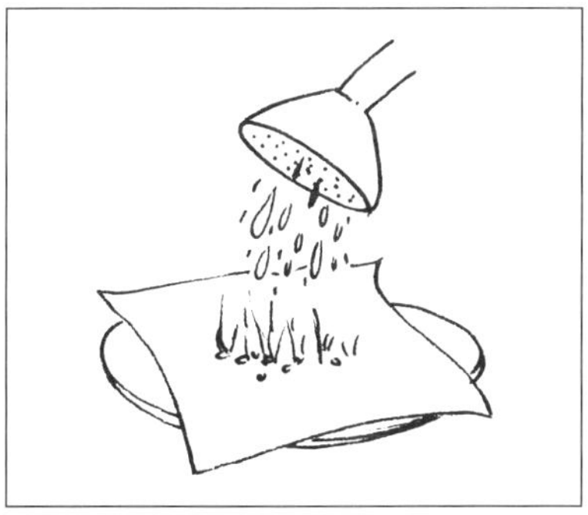

Halte die Kresse in den nächsten Tagen schön feucht.

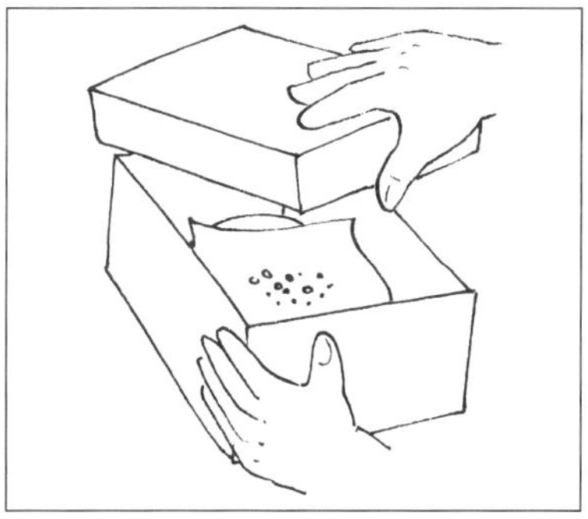

Mach dasselbe noch einmal. Stelle die Kresse aber diesmal in einen Schuhkarton.

Welche Kresse wächst besser? ______________________

Warum? ______________________

KV

3

Sonne, Mond und Sterne (2)

Aufgabe: Sieh dir das Bild an.

Male alle Sterne blau, alle Sonnen orange und alle Monde gelb an.

3	Sonne, Mond und Sterne (3)

Wenn man eine Sternschnuppe sieht, soll man sich etwas wünschen.
Dieser Wunsch geht in Erfüllung.

Aufgabe: Bastelt euch Sternschnuppen.

Du brauchst: Tonkarton

fluoreszierendes Klebeband (z. B. von Tesa®)

ein Gummiband

Anleitung: Schneide den Stern aus.

Beklebe ihn mit dem Klebeband.

Und nun müsst ihr den Raum ganz dunkel machen.

Montiere das Gummiband an deinem Stern und lass deine Sternschnuppe mithilfe des Gummis fliegen.

Vergiss nicht, dir etwas zu wünschen!

4	Alle Vögel fliegen hoch: Puzzle

Aufgabe: Schneide die Puzzleteile aus und klebe sie richtig auf.

Male das Bild dann schön aus.

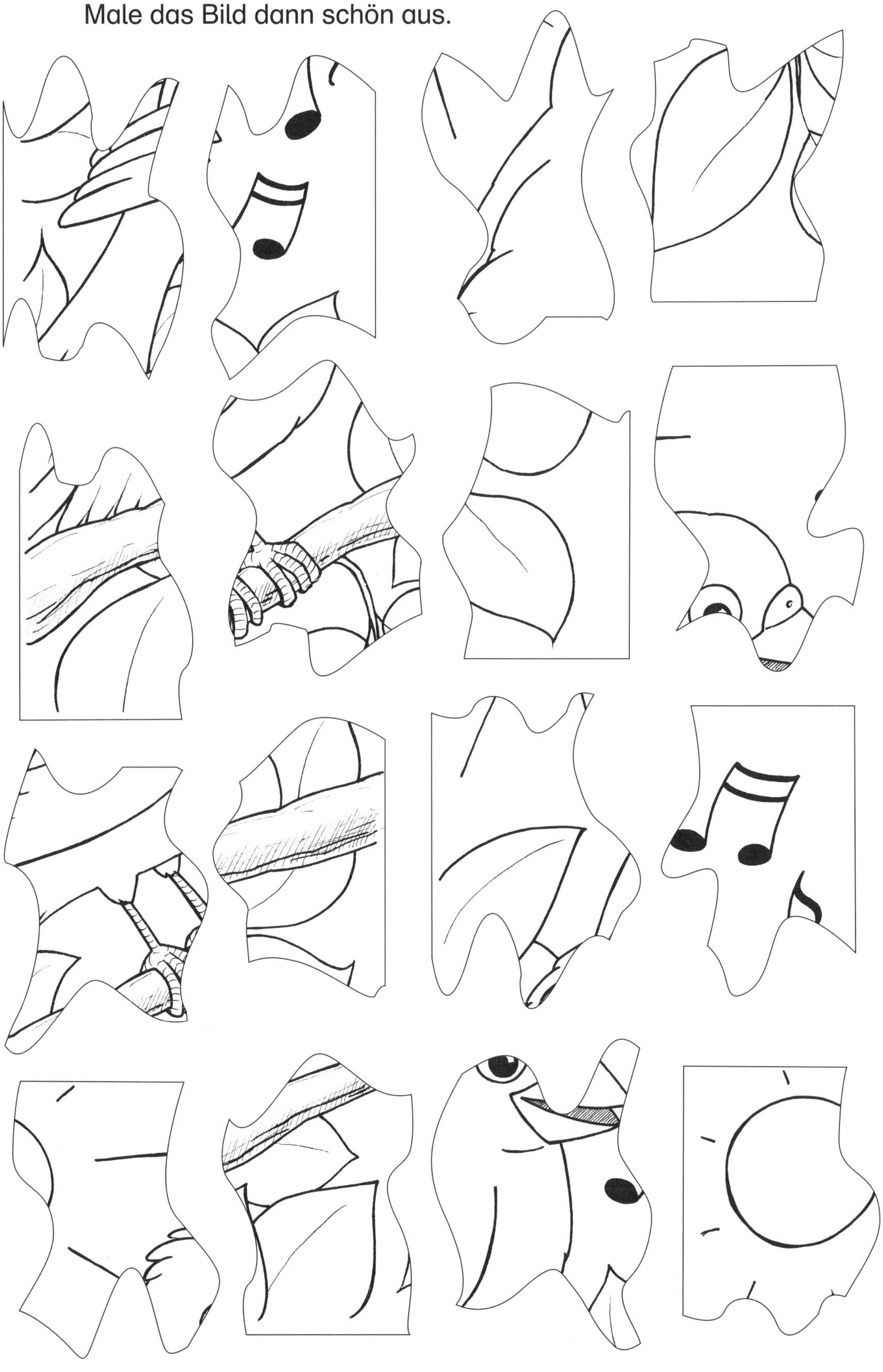

4 Alle Vögel fliegen hoch: Spiel

Am fünften Tag wurden die Vögel erschaffen.

Aufgabe: Spielt das Spiel „Alle Vögel fliegen hoch“.

Anleitung:

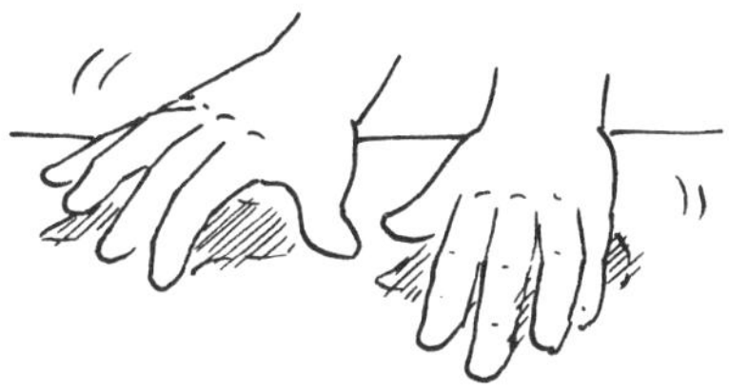

Alle Kinder trommeln mit den Fingern auf den Tisch.

Das erste Kind sagt den Satz „Alle Vögel fliegen hoch!“
Alle Hände werden nach oben gestreckt.
Denn Vögel können ja wirklich fliegen.

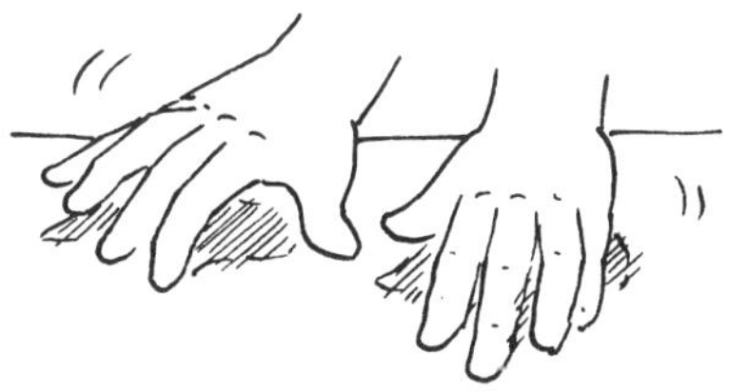

Alle Kinder trommeln mit den Fingern auf den Tisch.

Das nächste Kind sagt nun zum Beispiel: „Alle Pizzen fliegen hoch.“
Jetzt werden die Hände nicht nach oben gestreckt, denn Pizzen fliegen nicht!
Wenn etwas nicht fliegen kann, müssen die Finger weiter trommeln!

5 Tiere, Tiere, Tiere: Bild

Alle Tiere wurden von Gott erschaffen.

Aufgabe: Male hier dein Lieblingstier:

5 Tiere, Tiere, Tiere: Pantomime

Aufgabe: Ziehe eine Karte.
Versuche, das Tier darzustellen.
Du darfst dabei nicht sprechen.
Können deine Mitschüler erraten, welches Tier gemeint ist?

Esel 	Vogel 
Biene 	Pferd 
Hund 	Hase 
Spinne 	Fisch 
Raupe 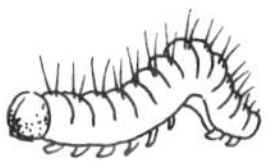	Schlange 
Katze 	Ameise 
Löwe 	Igel 
Elefant 	Känguru 
Giraffe 	Affe 
Regenwurm 	Maus 
Frosch 	Hirsch 

6 Würfelspiel Mülltrennung (1)

Anleitung: Auf den grauen Feldern werden Kärtchen gezogen, die dann auf der richtigen Mülltonne abgelegt werden müssen.
Wenn richtig abgelegt wurde, darf man noch einmal würfeln.
Auf den runden Feldern darf man die angezeigten Felder vor (+) oder zurück (–) gehen.

Karten:

Milchtüte

Papiertüte

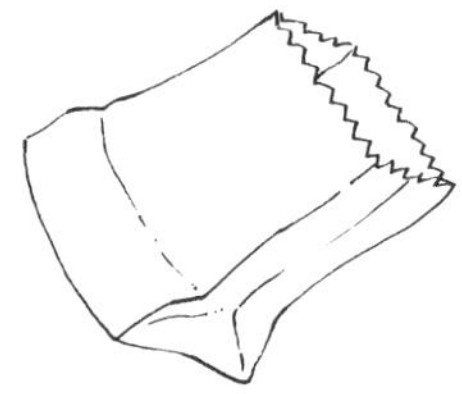

Bananenschale

Bürste

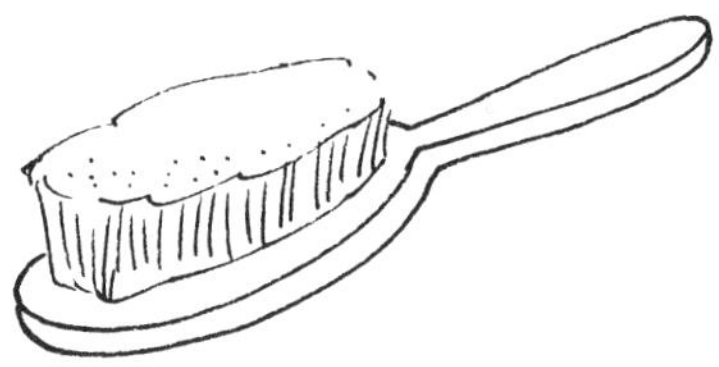

Filzstift

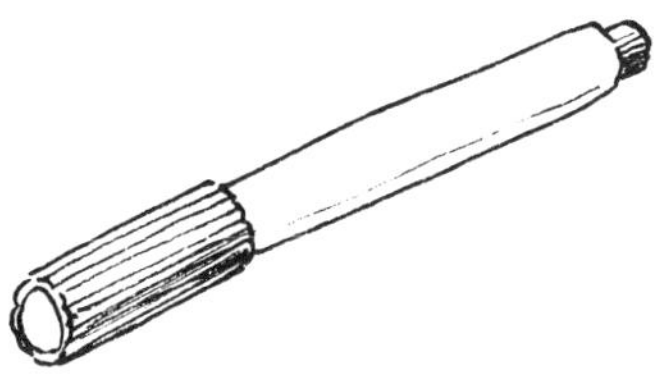

Joghurtbecher

Briefumschlag

Getränkedose

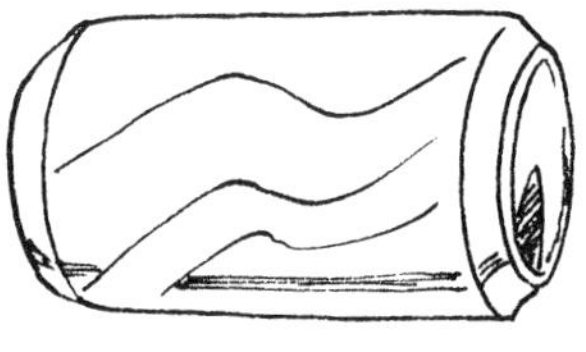

6	Würfelspiel Mülltrennung (2)

Eierschalen

Zeitung

Glühbirne

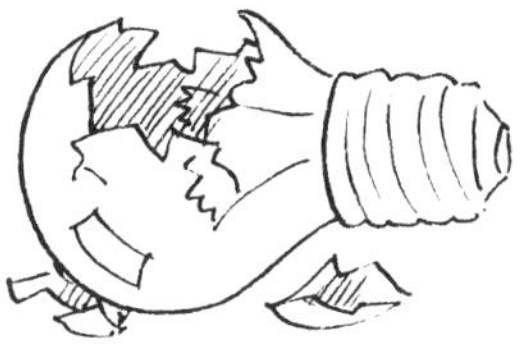

CD

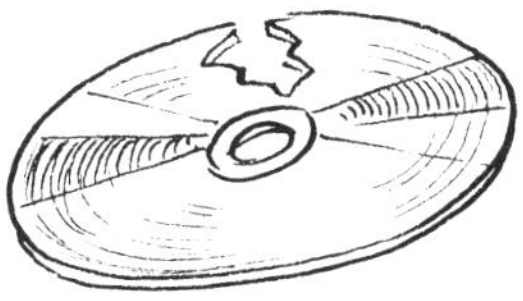

Shampoo-Flasche

Strümpfe

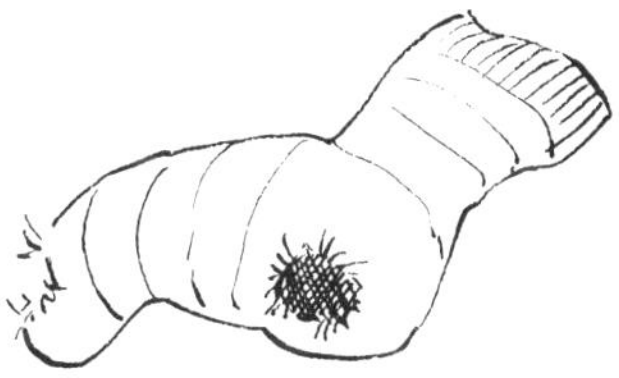

Auf die leeren Kärtchen kannst du selbst Gegenstände aufmalen und aufschreiben.

6	Würfelspiel Mülltrennung (3)

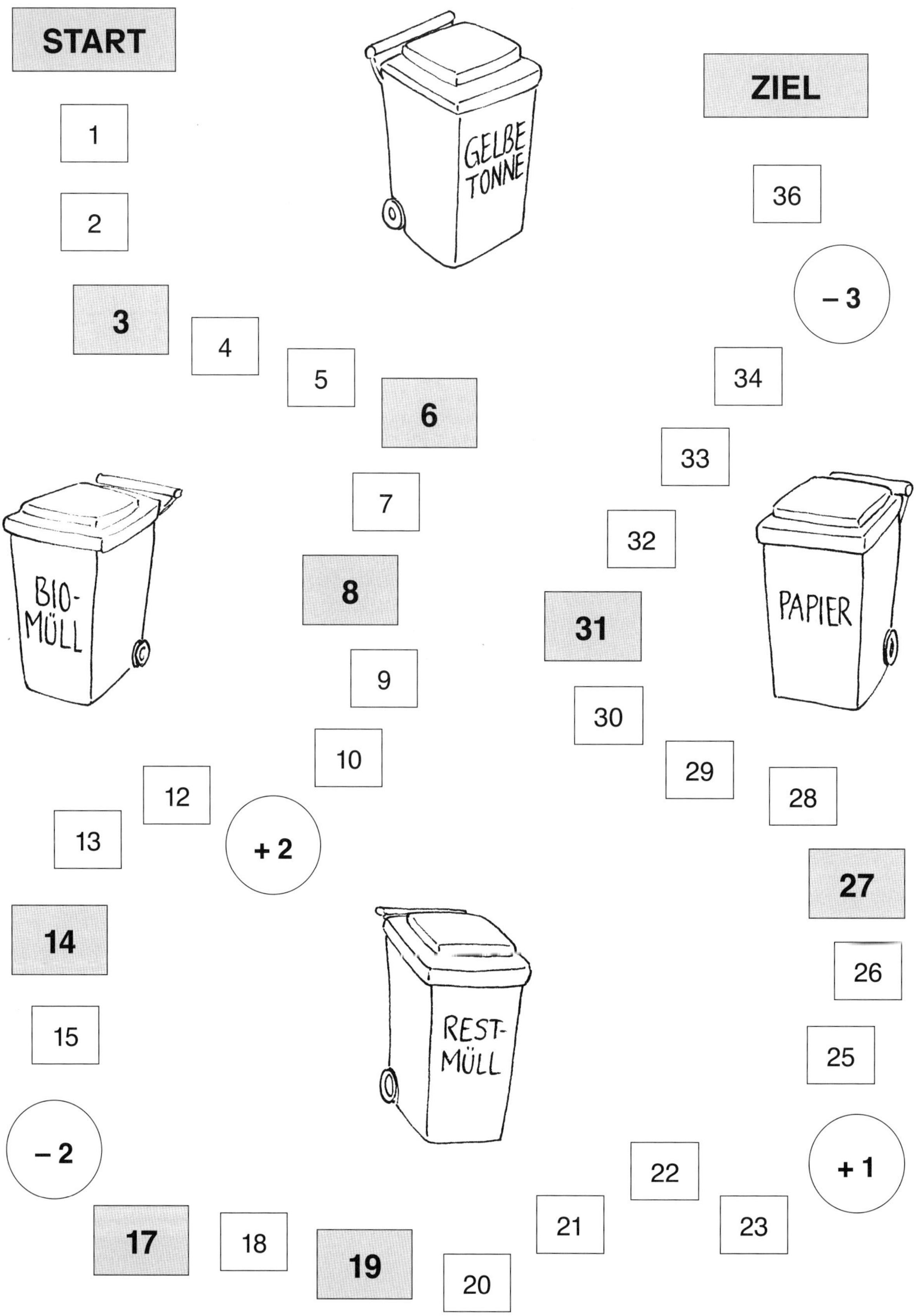

1	**Gefühle: Barometer**	

Aufgabe: Sieh dir die Tabelle an.
Wie oft fühlst du das Gefühl?
Kreuze an.

Wenn möglich, nenne Beispiele für Situationen, in denen du so gefühlt hast.

Gibt es ein Gefühl, das du ergänzen möchtest? Unten auf dem Blatt ist Platz dafür.

Gefühl	**Wie oft fühlst du so?**	**Wann fühlst du so?**
Liebe	nie…selten…oft…fast jeden Tag ○ ○ ○ ○	
Wut	nie…selten…oft…fast jeden Tag ○ ○ ○ ○	
Angst	nie…selten…oft…fast jeden Tag ○ ○ ○ ○	
Freude	nie…selten…oft…fast jeden Tag ○ ○ ○ ○	
Trauer	nie…selten…oft…fast jeden Tag ○ ○ ○ ○	
	nie…selten…oft…fast jeden Tag ○ ○ ○ ○	

1	Gefühle: Pantomime	

Anleitung: Zwei Kinder gehen vor den Klassenraum und überlegen sich ein Gefühl, das sie darstellen möchten.
Sind die Schüler dazu noch nicht in der Lage, können die Gefühlskärtchen helfen.
Wenn die Schüler wieder hereinkommen, stellen sie das Gefühl dar.
Die anderen Schüler raten.

Mögliche Gefühle:

sich freuen	Angst haben
wütend sein	verliebt sein
traurig sein	sich erschrecken
glücklich sein	sich langweilen
enttäuscht sein	neidisch sein

2

Wem gehört es?

Anleitung: Jedes Kind legt einen Gegenstand von sich (Stift, Armband, Ring, ...) so in einen Beutel, dass die anderen Kinder diesen nicht sehen können.

Nacheinander werden nun die Gegenstände im Stuhlkreis aus dem Beutel geholt.
Wer weiß, wem der Gegenstand gehört?

Bei einigen Kindern fällt es leicht, bei anderen schwerer, die Gegenstände zuzuordnen.

In der Klasse kann dies als Anlass genommen werden, um darüber zu sprechen, warum das so ist, und um „Freundschaft“ zu thematisieren.

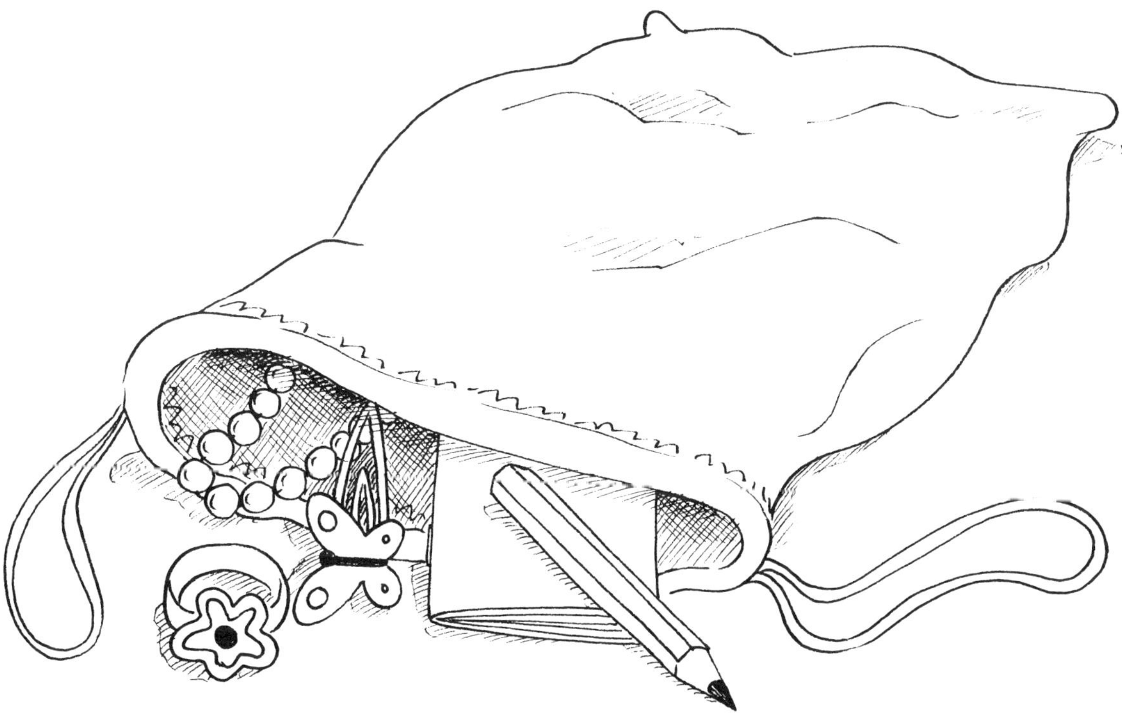

3	**Personenraten**	

Aufgabe 1: Welche Personen sehen genau gleich aus?

Kreise sie ein.

Aufgabe 2: Spielt das Spiel „Personenraten“

Anleitung: Jeder schreibt seinen Namen auf einen Zettel.
Falte deinen Zettel zusammen.
Einer sammelt die Zettel ein und mischt sie.
Ziehe nun einen neuen Zettel.
Beschreibe das Kind, das darauf steht, genau.
Du darfst aber den Namen nicht nennen.
Wer errät zuerst den richtigen Namen?

4 Namen-Scrabble® (Anleitung)

Ihr seid eine Klasse und gehört zusammen.

Das sollen auch alle sehen.

Macht aus euren Namen ein Namen-Scrabble®.

Anleitung: Schreibe die Buchstaben deines Namens auf die leeren Karten.
Einer beginnt nun, seinen Namen auf das Plakat zu kleben.
Versuche, deinen Namen daran zu legen.
Klebe ihn dann fest.
Macht so weiter, bis alle Namen aufgeklebt sind.

Beispiel:

M	A	R	K	U	S
		O			
		B			
		I		M	
	A	N	D	I	
				C	
				H	
				E	
				L	

4

Namen-Scrabble® (Kärtchen)

5	**Sankt Martin**

Teilen ist wichtig und gut. Manchmal kann es Leben retten.
Der Heilige Martin hat es vorgemacht.

Aufgabe: Schneide die Bilder aus.

Ordne sie richtig.

Klebe sie dann auf.

1.	2.	3.	4.

Erzählt die Geschichte von Sankt Martin in der Klasse.

Spielidee: Überlegt euch gemeinsam, wie man folgende Dinge gerecht teilen kann: 5 Bonbons, 1 Roller, 1 Ball, 2 unterschiedliche Bücher, 1 Stift …

✂- -

6 Ich helfe dir (1)

Aufgabe 1: Wie fühlt sich das Kind?

Wie kannst du ihm helfen?

Verbinde.

Ich tröste es und nehme es in den Arm.

Ich lache es aus.

Ich laufe schnell weg.

Ich helfe dem Kind und halte zu ihm.

Ich tröste es.
Ich spiele mit dem Kind ein anderes Spiel.

Ich schimpfe, weil das Spielzeug kaputt ist.

Ich verrate der Mutter, dass das Spielzeug kaputt ist.

6	**Ich helfe dir (2)**	

Aufgabe 2: Suche dir einen Partner.

Nehmt euch ein Blatt Papier und einen Stift.

Ihr sollt nun gemeinsam ein Bild malen.

Aber: Ihr dürft nicht sprechen und
ihr malt gleichzeitig mit nur einem Stift!

Also … Hände an den Stift und los!

1	Ostergrüße senden

Aufgabe: Setze die Muster fort und male das Ei an.

Du kannst es danach ausschneiden.

Klebe es auf Tonkarton und schreibe deine Ostergrüße auf die Rückseite.

Wer diese schöne Karte zu Ostern bekommt, wird sich bestimmt freuen.

2	Ostern: Stille Post

Die Wächter sehen, dass Jesus nicht mehr im Grab liegt
und der Stein fortgerollt wurde.

In der Bibel steht, dass sie vom Grab fortgingen
und allen erzählten, was passiert war.

Aufgabe: Ihr seid nun die Wächter.
Ihr erzählt, was passiert ist und was ihr gesehen habt.
Einer von euch beginnt.

Er flüstert seinem Nachbarn einen Satz ins Ohr.
Der flüstert ihn leise weiter, so wie er ihn verstanden hat.

Es darf immer nur einmal geflüstert werden.
Mal sehen, ob der Satz genauso am Ende ankommt.

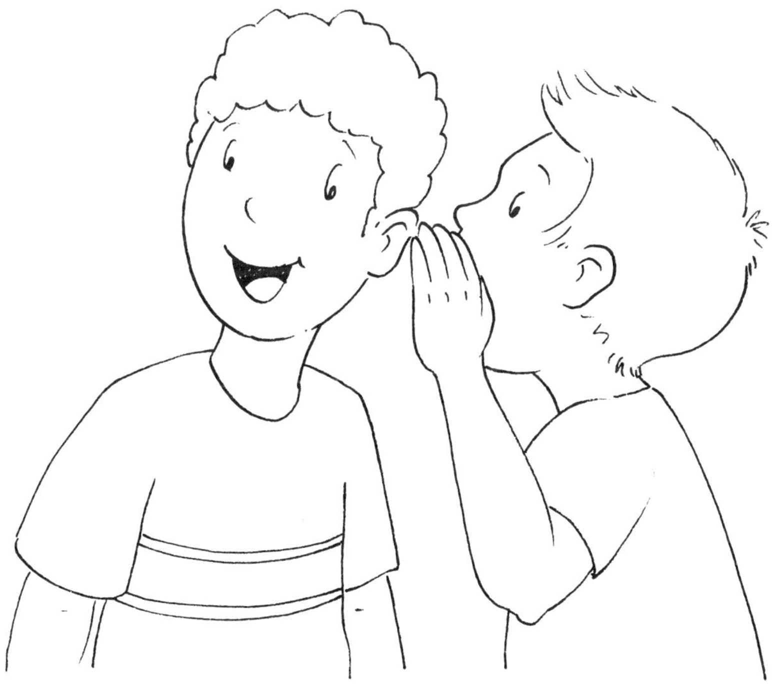

3 Das Osterlamm

Jesus wird oft als Lamm bezeichnet.

In der Bibel steht:
Siehe, das Lamm Gottes, das die Sünden der Welt hinwegnimmt.
(Joh 1,29)

Das Osterlamm ist ein Zeichen für die Auferstehung.

Aufgabe: Rechne die Aufgaben und male die Felder in den richtigen Farben an.

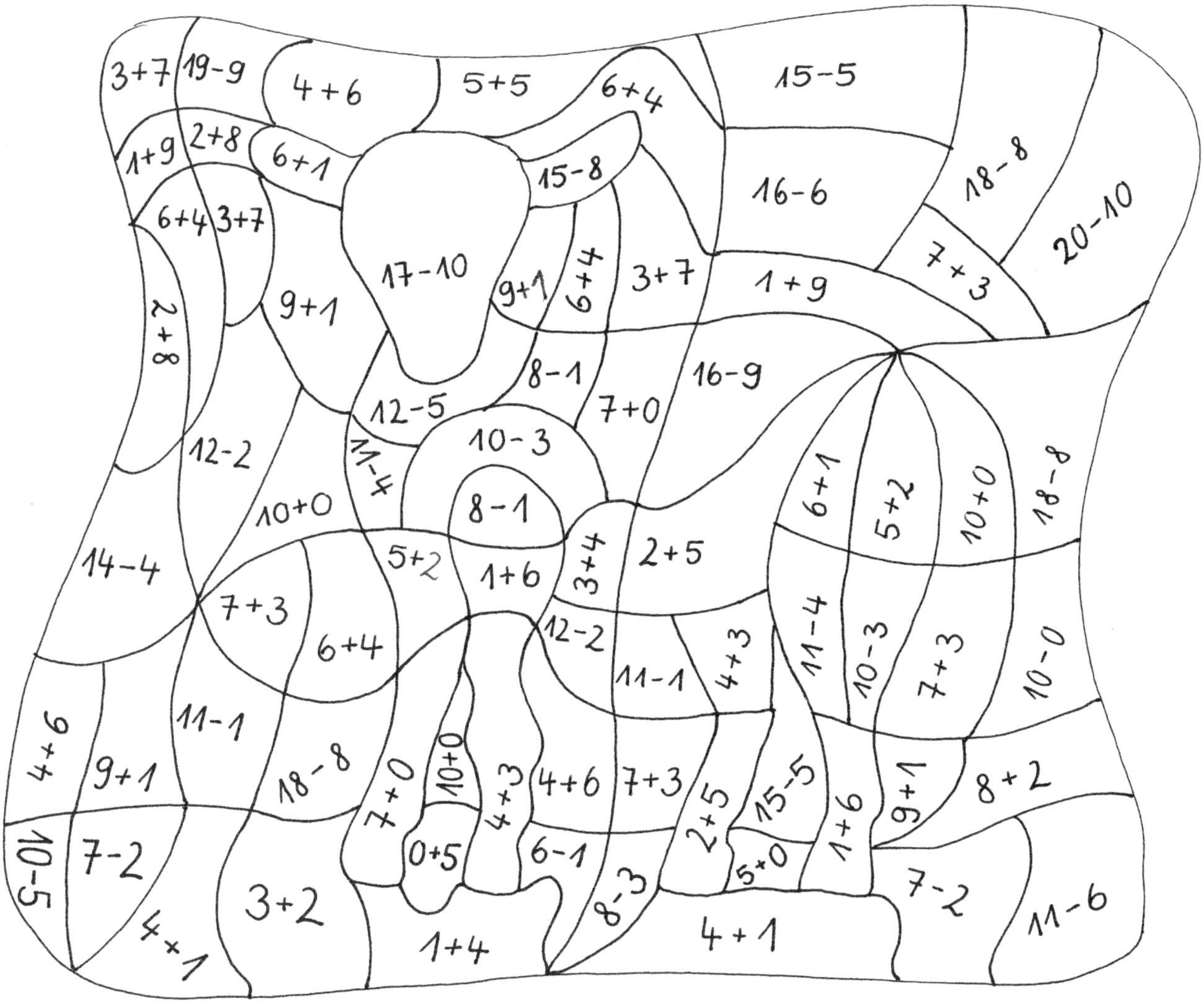

7 = weiß lassen	5 = grün	10 = blau

4	Erntedank: Früchte und Gemüse raten

Aufgabe 1: Lass dir die Augen verbinden.
Du darfst gleich Früchte und Gemüse raten.
Du darfst zuerst fühlen, dann riechen und schmecken.
Errätst du alle Obst- und Gemüsesorten?

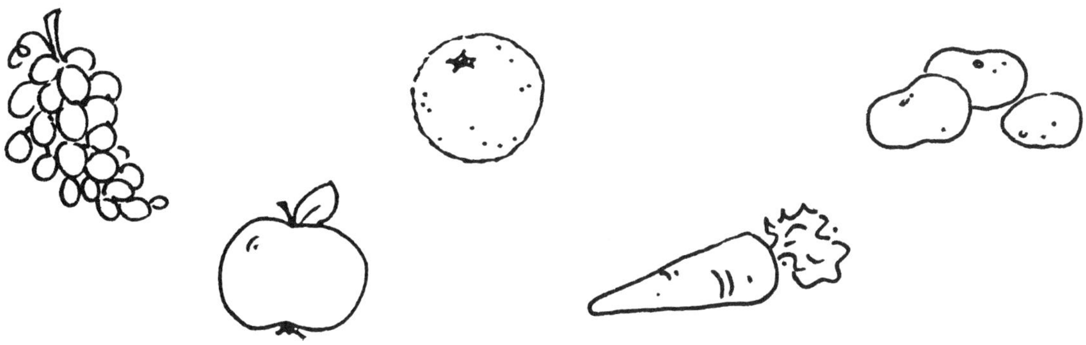

Aufgabe 2: Im rechten Bild haben sich fünf Fehler versteckt.
Finde sie und kreise sie ein.

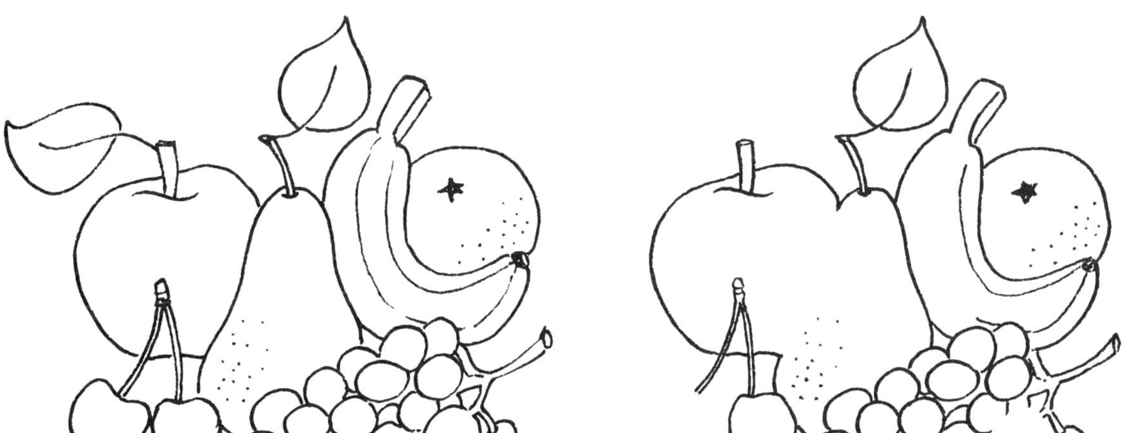

4

Erntedank: Bild

Aufgabe: Lies genau und male!

Da ist ein Tisch.
In der Mitte liegen drei gelbe Bananen.
Rechts daneben liegt ein großer roter Apfel.
An seinem Stiel ist ein grünes Blatt.
Links neben den Bananen steht eine Schüssel mit Weintrauben.
Es sind grüne und blaue Weintrauben in der Schüssel.

4	Erntedank: Quiz	

Aufgabe: Kreuze die richtigen Antworten an.
Die angekreuzten Buchstaben ergeben das Lösungswort.

Wir feiern Erntedank	P	im Sommer.
	A	im Herbst.
	J	im Mai.
Wir feiern Erntedank	E	um den Winter zu begrüßen.
	P	um Gott zu danken.
	F	zur Erinnerung an Jesu Geburt.
Die Kirche wird mit	F	Feld- und Gartenfrüchten geschmückt.
	S	Kugeln geschmückt.
	U	Tannenzweigen geschmückt.
Wir sollten auch besonders	E	an hungernde Menschen denken.
	S	viel essen an diesem Tag.
	I	an alte Menschen denken.
Die Früchte aus der Kirche	E	werden an Kinder verteilt.
	L	werden an Bedürftige verteilt.
	K	werden an das Tierheim geschickt.

Das Lösungswort heißt ____ ____ ____ ____ ____

5	**Adventsrätsel (1)**	

Aufgabe: Kannst du die folgenden Rätsel lösen?

1. Ich bin rund. In meiner Mitte ist ein Loch. Ich sehe grün aus. An meinen Nadeln kann man sich stechen. Auf mir stehen Kerzen.

   Ich bin ein ______________________________.

2. Wenn Heiligabend an einem Samstag ist: An welchem Tag feiern wir dann Silvester?

   An einem ______________________________.

3. Es ist der 18. Dezember.
   Wie oft musst du noch schlafen bis Heiligabend?

   Ich muss noch ____________________ mal schlafen.

4. Welcher Begriff passt nicht?
   Kugeln, Sterne, Lichter, Lametta, Kartoffelsalat

   ____________________ passt nicht.

5 Adventsrätsel (2)

5. Was feiern wir an Weihnachten?

   Wir feiern ____.

6. Wofür stehen die vier Kerzen auf dem Adventskranz?

   Sie stehen für ____

   ____.

7. Jonas sagt: „Noch dreimal schlafen, dann ist Heiligabend."

   Welches Datum ist es? ____

   ____.

Alles richtig? Dann bist du bereit für Weihnachten!

6 Weihnachtsmemory®

Aufgabe: Schneide die Karten aus und spiele mit einem Partner das Memory®.

Krippe		Stern	
Hirten		Stall	
Schnee		Weihnachts- karten	
Weihnachts- baum		Geschenk	
Kerze		Adventskranz	
Familie		Kirche	

1 Jesus und seine Apostel (1)

Überall, wo Jesus vorbeikommt, schließen sich ihm Menschen an.
Simon und Andreas sind Fischer. Sie fischen gerade.
Da kommt Jesus vorbei.
Jesus fragt sie, ob sie mit ihm kommen wollen.
Und das wollen sie.
Jesus hat zwölf enge Freunde und Schüler. Sie leben mit ihm.
Sie werden Apostel genannt.

Aufgabe 1: Welcher Apostel fängt welchen Fisch?
Lies die Namen und spure die Schnüre nach.

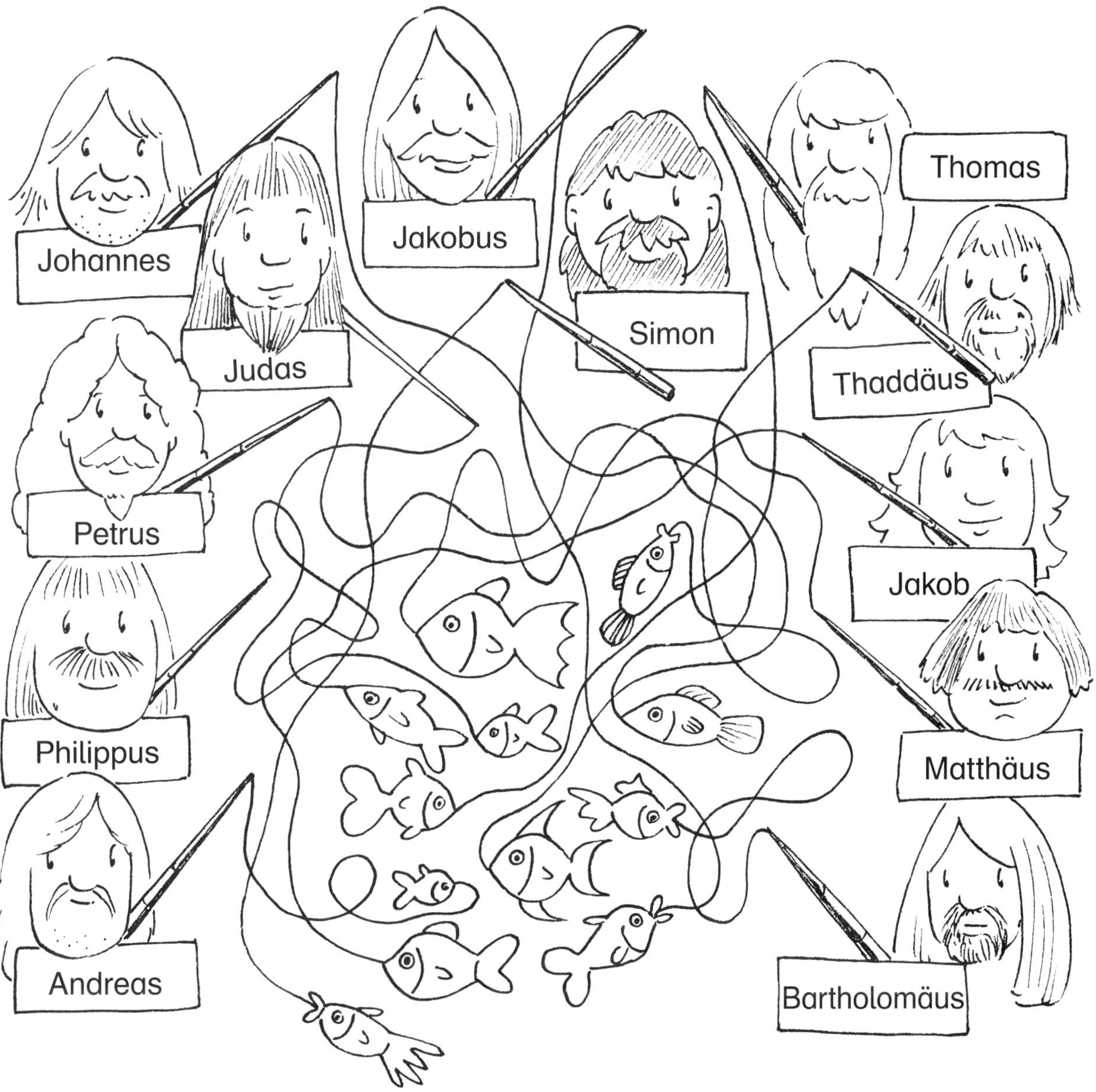

1	**Jesus und seine Apostel (2)**	

Aufgabe 2: In der Buchstabenschlange haben sich 11 Apostel versteckt. Findest du heraus, welcher fehlt?

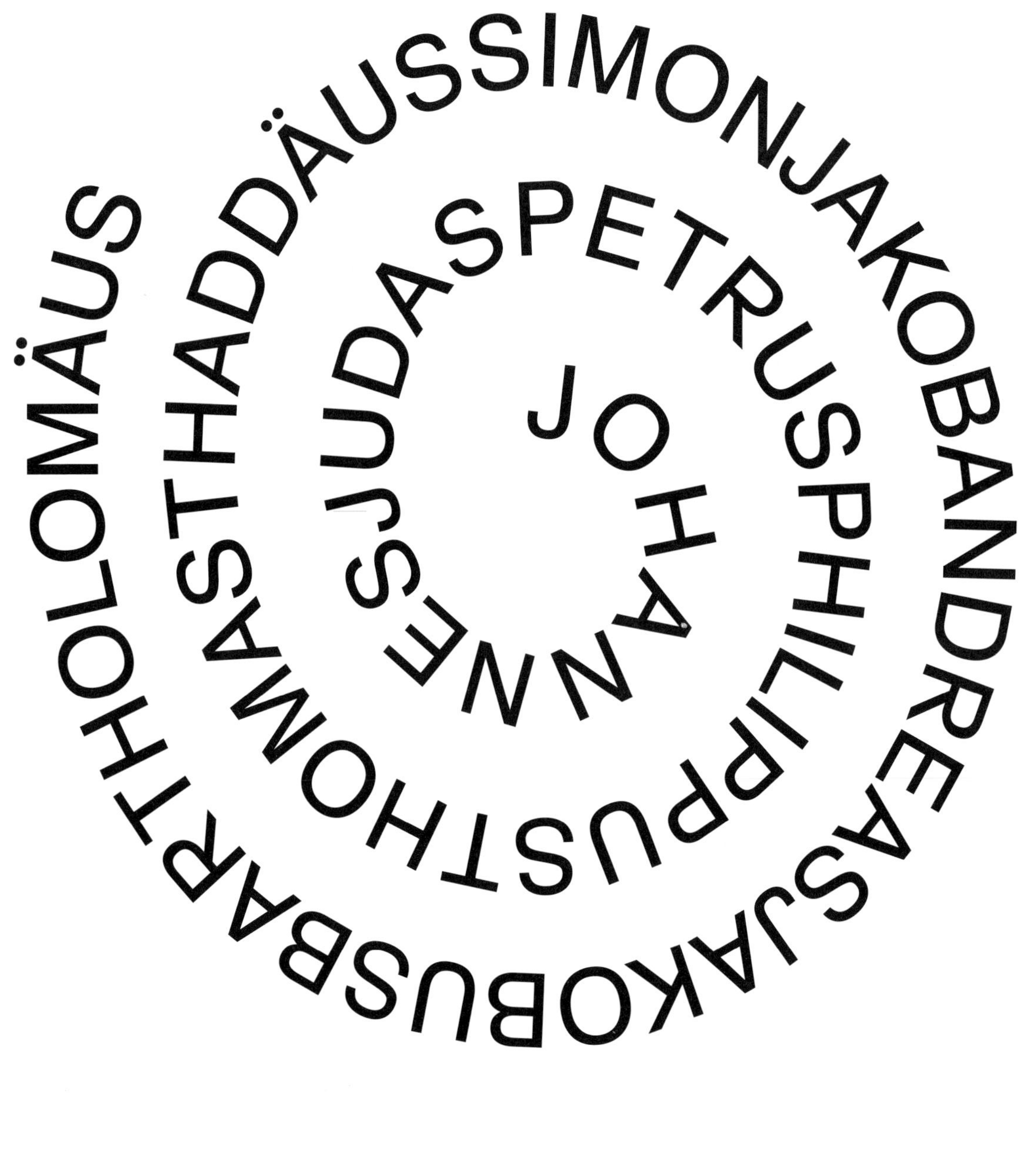

Es fehlt ______________________________.

KV

2	**Jesus hat ein großes Herz (1)**	

Jesus kümmert sich um alle Menschen.
Auch für die Kranken und Schwachen ist Jesus da.
Er hat ein großes Herz.

Aufgabe 1: Um wen soll sich Jesus besonders kümmern?
Warum?
Schreibe es in das Herz.

Aufgabe 2: Welche Teile ergeben zusammen ein Herz?
Male sie in der gleichen Farbe an.

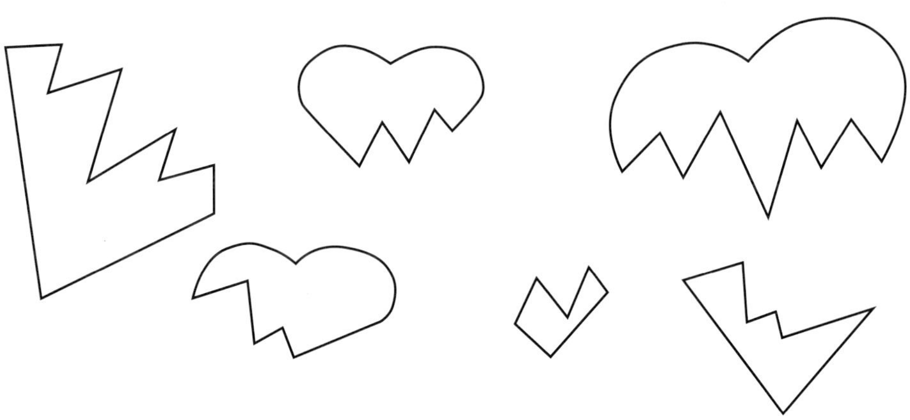

2	Jesus hat ein großes Herz (2)	

Aufgabe 3: Wer hat einen besonderen Platz in deinem Herzen?

KV

3 Jesus erzählt vom guten Hirten (1)

Es war einmal ein Hirte. Er hatte 100 Schafe.
Er kümmerte sich gut um sie.
Er beschützte sie und zählte sie immer wieder.
Eines Tages zählte er nur 99.
Da ließ er die anderen Schafe von seinem Hund bewachen und suchte das eine Schaf.
Bald fand er es.
Es hatte sich in einem dornigen Busch verfangen.
Er befreite es und war sehr froh.
So wie dieser Hirte kümmert sich auch Gott um die Menschen.
Er schaut nach jedem. Und er freut sich über jeden, den er wiederfindet.

Aufgabe 1: Lies den Text.

Aufgabe 2: Schreibe alle unterstrichenen Buchstaben hier auf:

_____ _____ _____ _____ _____

Ordne sie richtig und du findest das Lösungswort:

Spiel: Einer von euch ist der Hirte. Einige andere sind die Schafe und dürfen sich verstecken. Findet der Hirte alle Schafe?

3	Jesus erzählt vom guten Hirten (2)

Aufgabe 3: Der Hirte hütet 25 Schafe.

Findest du sie alle?

Male sie an.

KV

4 Jesus heilt einen Taubstummen (1)

Ein tauber Mann wurde zu Jesus gebracht. Er konnte auch nicht sprechen. Jesus legte die Hand auf ihn. Er sah zum Himmel und sprach: „Tu dich auf!“ Und seine Ohren konnten wieder hören und er konnte wieder sprechen.
(nach Markus 7,32)

Aufgabe 1: Lies den Text.

Aufgabe 2: Ordne die Sätze. Schreibe dazu die Zahlen 1, 2 und 3 in die Kästchen.

☐ Jesus sah zum Himmel und sprach: „Tu dich auf!“

☐ Der Mann konnte wieder hören und sprechen.

☐ Jesus legte die Hand auf.

Aufgabe 3: Male ein Bild dazu.

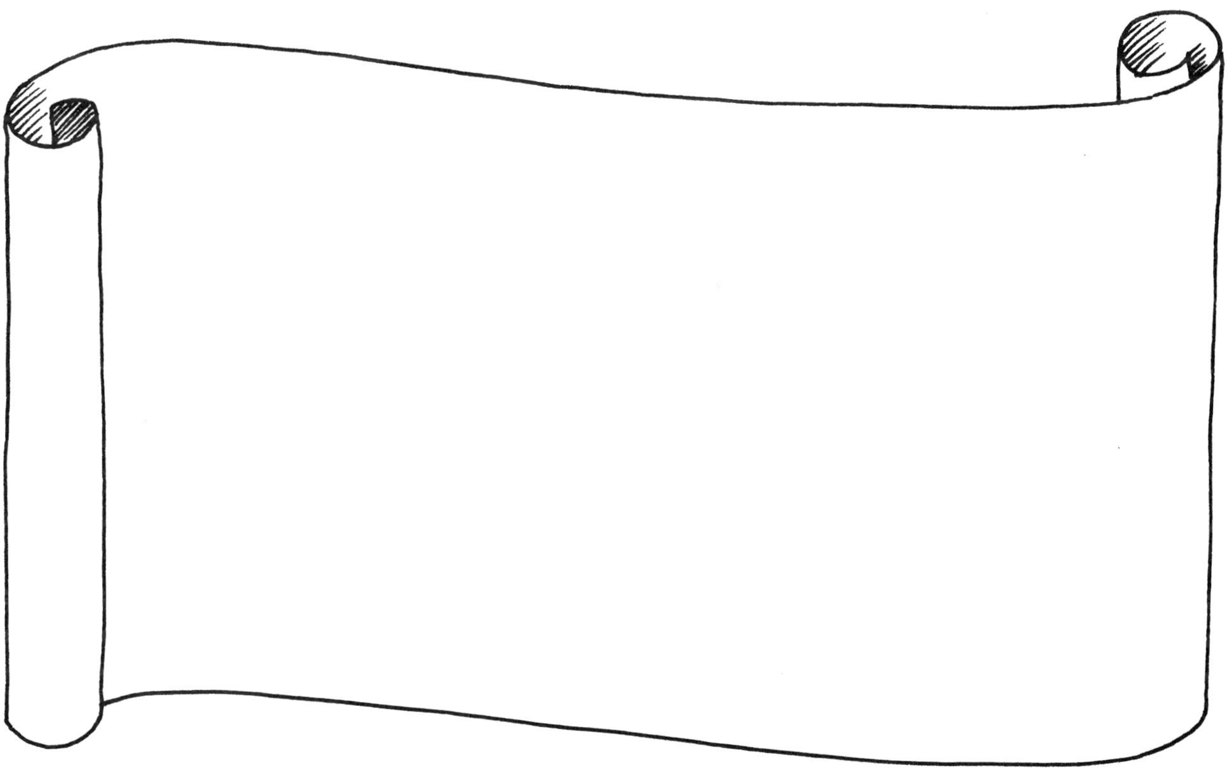

4	Jesus heilt einen Taubstummen (2)	

Aufgabe 4: Komm nach vorn und setz dich auf den Stuhl.

Ziehe eine Karte.

Wie der taube und stumme Mann darfst du nicht sprechen.

Versuche, den anderen ohne Worte zu erklären, was sie tun sollen.

Bleibe dabei auf dem Stuhl sitzen.

KV

Jesus heilt einen Taubstummen (3)

auf einem Bein stehen

auf die Hände setzen

einem Kind die Hand geben

stehen und die Hände hochstrecken

in die Hocke gehen

mit einem anderen Kind den Platz wechseln

sich abklatschen

in die Luft springen

5 Jesus macht Blinde sehend (1)

Jesus ging zu dem Blinden.

„Was soll ich für dich tun?“, fragte er.

Der Blinde antwortete: „Ich möchte wieder sehen!“

Da sagte Jesus: „Dein Glaube hat dir geholfen.“

Der Blinde konnte wieder sehen und folgte Jesus von da an.

(nach Markus 10,46–52)

Aufgabe 1: Lies den Text.

Aufgabe 2: Ihr könnt schon sehen.
Aber seht ihr auch genau hin?
Spielt das Spiel „Ich sehe was, was du nicht siehst“.

Anleitung: Suche dir einen Gegenstand im Klassenraum aus.
Verrate ihn nicht.
Sage nun: „Ich sehe was, was du nicht siehst, und das hat die Farbe …“
Wer deinen Gegenstand zuerst errät, ist als Nächstes dran.

5	**Jesus macht Blinde sehend (2)**	

Aufgabe 3: Spielt das Spiel „Blindenführung“.

Anleitung: Suche dir einen Partner.

Lass dir die Augen verbinden.

Dein Partner muss dich nun durch den Klassenraum führen.

Er darf nicht mit dir sprechen und dich nur mit den Fingerspitzen berühren.

Tipp: Um das Spiel noch schwerer zu machen, könnt ihr kleine Hindernisse aufbauen, die überwunden werden müssen.

6	Jesus: Suchsel	

Aufgabe: Finde die Wörter im Suchsel.

Male sie in verschiedenen Farben an.

J	E	S	U	S	R	W	Q	Z	T
R	G	N	M	A	S	D	F	G	H
A	F	B	L	I	N	D	R	T	J
P	D	A	H	E	R	Z	K	L	P
O	A	S	W	Q	Y	X	B	N	M
S	D	T	H	W	S	C	H	A	F
T	P	A	D	I	W	Q	Y	V	K
E	X	U	U	P	R	Ö	M	E	W
L	Y	B	W	X	H	T	Z	U	I
X	F	G	Y	C	V	L	E	M	O

Jesus – Hirte – Schaf – Apostel – blind – Herz – taub

1 Unsere Kirche

Aufgabe: Wie oft ist das Wort KIRCHE hier versteckt?

Male an und zähle.

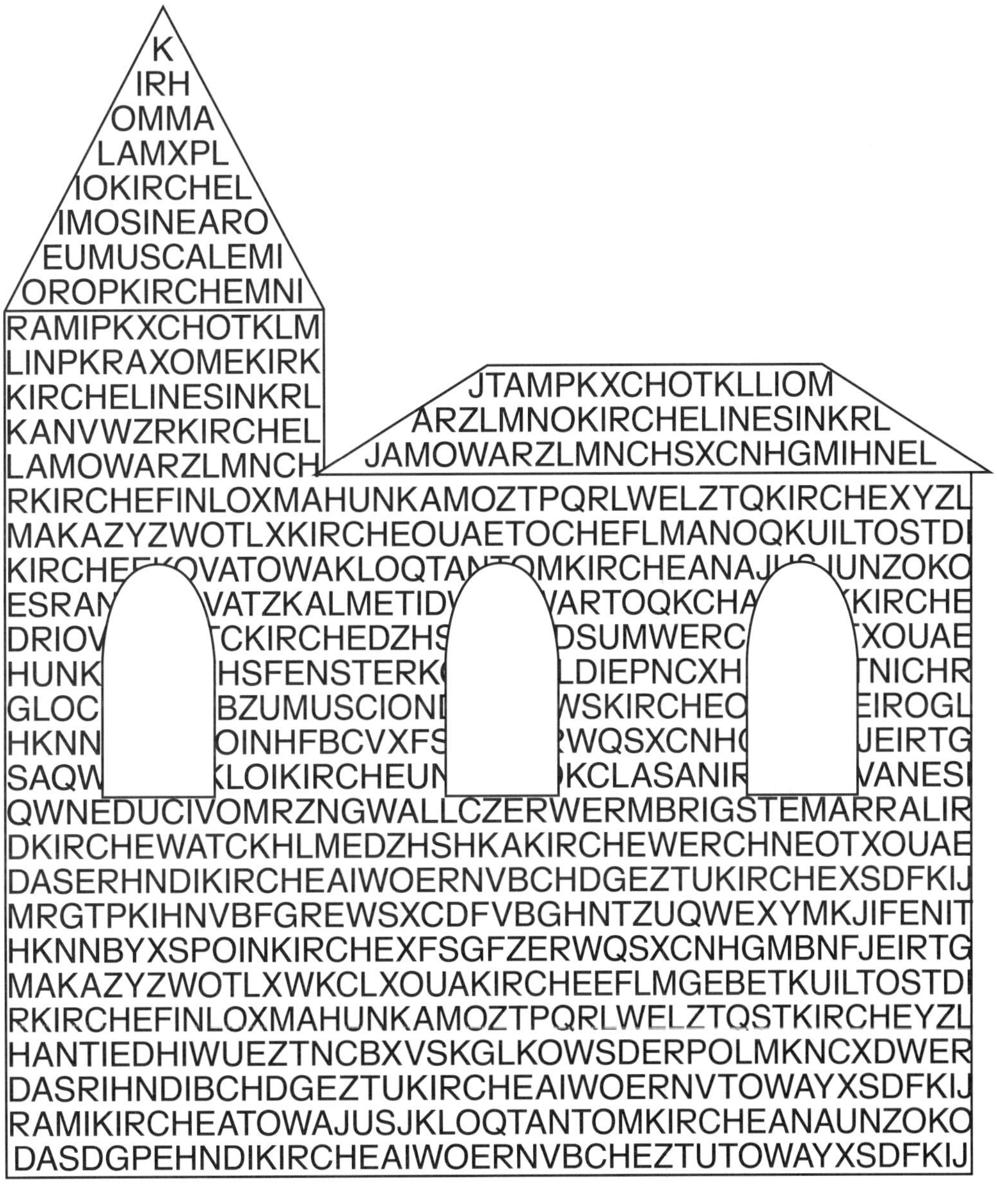

Außer KIRCHE haben sich noch zwei andere Wörter versteckt.

Hast du sie entdeckt?

Schreibe sie hier auf:

______________________, ______________________

KV

2	**In der Kirche**

Aufgabe: Schneide die Wortkarten unten aus und klebe sie an die richtigen Stellen in der Kirche.

Auf die leeren Kärtchen kannst du selbst etwas schreiben, das du in der Kirche gefunden hast.

Liedtafel	Altar	Kanzel	Kreuz

3	Kirchenrallye	

Aufgabe: Besucht gemeinsam eine Kirche.

Welche Gruppe schafft es zuerst, leise alle Aufgaben zu lösen?

Name: ____________________

Wie viele Fenster hat die Kirche? ☐

Wie viele Stufen führen zum Altar? ☐

Wie viele Bankreihen gibt es? ☐

Welche Zahlen stehen auf der Liedtafel? ☐

Gibt es Säulen? ☐ Wenn ja, wie viele? ☐

Wie sieht der Altar aus? Steht etwas darauf? Malt:

Was gefällt euch am besten?

4	**Unterschiede**	

Aufgabe: Lies die Texte.

Findest du Unterschiede zwischen evangelischer und katholischer Kirche?

Unterstreiche.

Jonas ist katholisch.
Er geht in die Kirche.
Zuerst taucht er seine
Finger in das Weihwasser-
becken und bekreuzigt sich.
Dann setzt er sich.
Der Pfarrer beginnt den
Gottesdienst.
Er hält Wein und Hostie in
die Höhe und die Messdie-
ner klingeln mit Glöckchen.
Dann darf Jonas zur Kom-
munion gehen. Er bekommt
eine Hostie, den Leib
Christi.
Jonas geht froh nach
Hause.
In der Kirche gefällt es ihm
gut.

Jana ist evangelisch.
Sie geht in die Kirche.
Sie setzt sich.
Die Pfarrerin beginnt den
Gottesdienst.
Sie hält Wein und Hostien
bereit für das Abendmahl.
Dann darf Jana zum
Abendmahl gehen. Sie
nimmt die Hostie, den Leib
Christi, entgegen und trinkt
aus dem Becher.
Jana geht froh nach Hause.
In der Kirche gefällt es ihr
gut.

5	Kirchen-Domino

Aufgabe: Schneide die Karten aus und spiele mit einem Partner Domino.

Danach kannst du die Karten in der richtigen Reihenfolge in dein Heft kleben.

START ➜	Altar		Liedtafel
	Kreuz	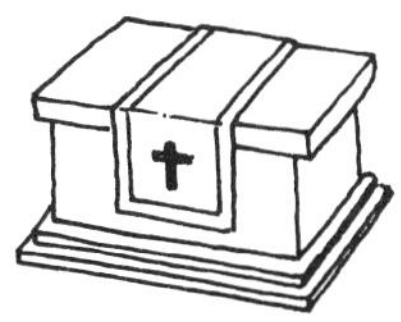	Glocke
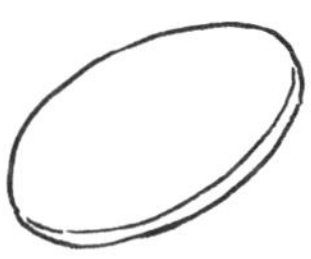	Bibel		Kelch
	Hostie		Pfarrer
	Fenster		Gesangbuch
	Bank		ENDE

6 Geheimschrift

Aufgabe: Hinter jedem Zeichen der Geheimschrift versteckt sich ein Buchstabe. Entziffere die Geheimschrift und du erfährst, wo du den Himmel auf Erden findest.

A	B	C	D	E	F	G	H	I	J	K	L	M	N

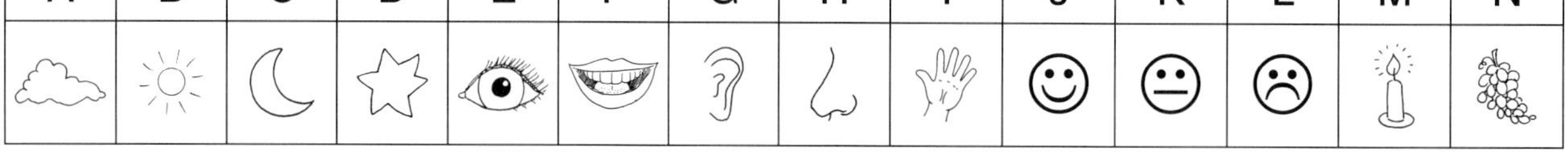

O	P	Q	R	S	T	U	V	W	X	Y	Z	Ü

1	David und Goliath (1)	

Aufgabe: Lies die Geschichte.

Schreibe alle besonderen Buchstaben auf die Linien und du erhältst den Lösungssatz.

Zwei **V**ölker waren zerstritten.

Ihre Soldaten kämpften gegeneinand**e**r.

De**r** Vater sagte zu David: „Geh und schau, ob es deinen Brüdern gu**t** geht!“

Davids Brüder wa**r**en Soldaten.

Als David **a**nkam, sah er dort den Riesen Goliath stehen.

Er rief den Soldaten zu: „Wo ist e**u**er stärkster Mann? Er soll gegen mich kämpfen!“

Aber die Sold**a**ten hatten Angst.

Sie rannten weg.

N**u**r David blieb stehen.

Er sagte: „Ich kämp**f**e gegen den Riesen. **G**ott verlässt mich nicht. Er ist bei mir!“

2	**David und Goliath (2)**	

Und s**o** zog er seine S**t**einschleuder und traf den Riesen!

Goliath fiel zu Boden.

Die Soldaten kehrten zurück und jubelten.

David wurde gefeier**t**!

Trage nun alle Buchstaben hier ein:

Wie heißt der Lösungssatz?

____

____

2	**Der Turmbau von Babel**

Die Menschen fertigten Ziegel aus Lehm.

Damit konnten sie bessere Häuser bauen.

Sie wollten einen hohen Turm bauen.

Mit dem Turm wollten sie berühmt werden.

Gott gefiel es nicht, dass die Menschen nur an sich selbst und den Ruhm dachten.

Er ließ sie verschiedene Sprachen sprechen.

Sie verstanden einander nicht mehr und der Turm wurde nie fertig gebaut.

Die Stadt im Tal heißt Babel. Babel bedeutet Verwirrung.

Aufgabe: Wenn man nur an sich selbst denkt und nicht mit anderen zusammenarbeitet, kann einem nichts gelingen.

Versucht, gemeinsam einen Turm aus Dingen im Klassenraum zu bauen.

Denkt daran: Es ist wichtig, zusammenzuarbeiten und miteinander zu sprechen.

Sonst gelingt der Turm nicht.

3	Die Arche Noah	

Aufgabe: Schneide die Puzzleteile aus.

Klebe das fertige Puzzle in dein Heft.

Male das Bild aus.

4	**Die Rebe (1)**	

Ich bin der Weinstock, ihr seid die Reben. Wer in mir bleibt und ich in ihm, der bringt viele Frucht, denn ohne mich könnt ihr nichts tun. Wer nicht in mir bleibt, der wird weggeworfen wie eine Rebe und verdorrt. (Johannes 15,5)

Jesus möchte, dass wir mit ihm und miteinander verbunden sind.

Aufgabe 1: Mit wem bist du besonders verbunden?

Schreibe Namen an die Reben.

Du kannst auch noch weitere Reben und Trauben in das Mandala malen.

Zum Schluss kannst du es bunt anmalen.

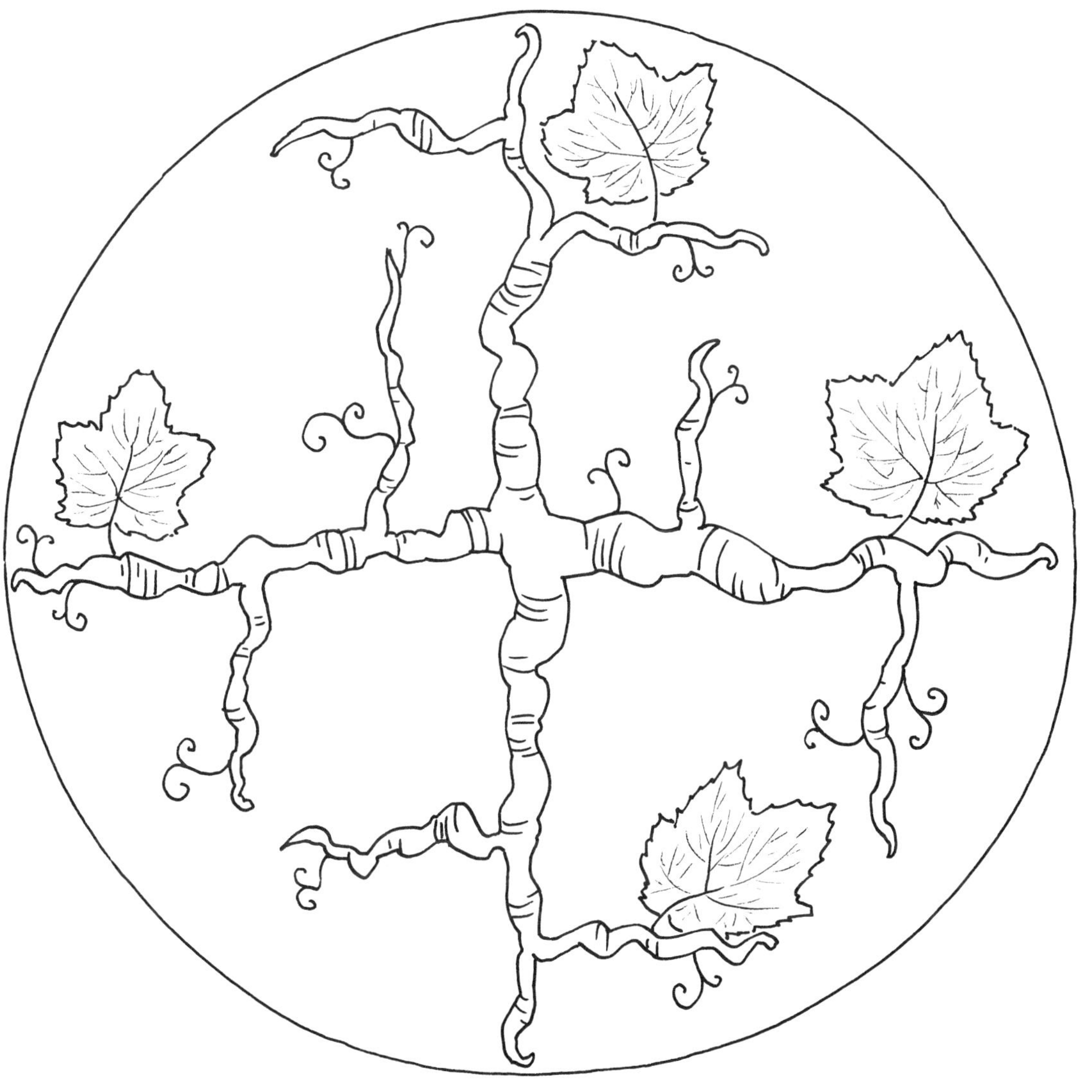

4	Die Rebe (2)	

Ich bin der Weinstock, ihr seid die Reben. Wer in mir bleibt und ich in ihm, der bringt viele Frucht, denn ohne mich könnt ihr nichts tun. Wer nicht in mir bleibt, der wird weggeworfen wie eine Rebe und verdorrt. (Johannes 15,5)

Aufgabe 2: Markiere das Wort „Traube“. Male für jedes gefundene Wort eine Weintraube an.

TRAUBEBIRNEAPFELORANGETRAUBEAPRIKOSEZITRONETRAUBE
KIWITRAUBEMANDARINETRAUBEANANASBANANETRAUBEKIWI
MANGOPAPAYATRAUBEAPFELTRAUBEANANASTRAUBEAPRIKOSE
APFELSINETRAUBEBIRNETRAUBEKIWIORANGETRAUBETRAUBE
TRAUBEMANDARINEPFLAUMEHIMBEERETRAUBEANANASKIWI
ERDBEERETRAUBESTACHELBEERETRAUBEZITRONEGRAPEFRUIT
TRAUBEHIMBEEREPFLAUMEAPFELTRAUBEBANANEPOMELO
BIRNEPAPAYAMARACUJATRAUBEERDBEERETRAUBEAPFELSINE

5 Abrahams Weg nach Kanaan: Rätsel

Und der HERR sprach zu Abraham: Gehe aus deinem Vaterland in ein Land, das ich dir zeigen will. Und ich will dich zu einem großen Volk machen und will dich segnen und dir einen großen Namen machen.
(nach 1 Mose 12,1)

Abraham macht sich auf den Weg von der Stadt Haran nach Kanaan. Er nimmt seine Frau Sara und seinen Neffen Lot mit. Sie müssen lange durch die Wüste laufen und nachts in Zelten schlafen.

Aufgabe: Hilf Abraham, den Weg nach Kanaan zu finden.

5 Abrahams Weg nach Kanaan: Spiel

Spielidee: Reise nach Kanaan

Anleitung: Die Schülerinnen und Schüler werden in Dreier- oder Vierergruppen eingeteilt.

Jeder Gruppe erhält eine leere Karte (des Klassenraumes).

Die Schüler sollen einen Anfangspunkt und das Ziel (Kanaan) bestimmen und einen Weg dorthin einzeichnen.

Diesen Weg müssen sie nun Abraham (einem Kind einer anderen Gruppe) beschreiben, jedoch ohne zu sprechen.

Welcher Abraham schafft es nach Kanaan?

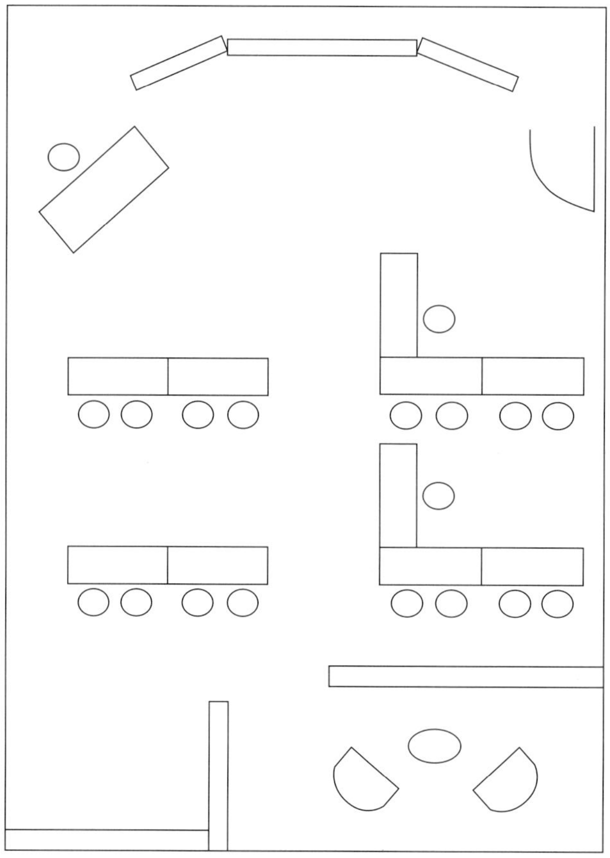

Beispielplan Klassenzimmer

6 Jakob und Esau

Aufgabe: Welche Wörter fehlen?

Finde heraus, welche Wörter durcheinandergeraten sind.

Setze sie dann in die Lücken ein.

Esau und Jakob sind ______________.

Esau ist ______________________.

Jakob will aber nach dem Tod seines

Vaters ____________ Familienoberhaupt

werden.

Er täuscht Isaak.

Isaak erkennt Jakob nicht, weil er fast

________________ ist.

Isaak segnet ____________ statt

Esau.

Jakob fürchtet sich vor Esaus Rache.

Er flieht.

r B d e ü r
t E r s e r b o g e e r n
k a a s l
d b l n i
k a o J b

Lösungen

Die Schöpfung

Alle Vögel fliegen hoch: Puzzle — Seite 16

Würfelspiel Mülltrennung — Seite 20

Gelbe Tonne: Milchtüte, Joghurtbecher, Getränkedose, Shampoo-Flasche
Restmüll: Bürste, Filzstift, Glühbirne, CD, Strümpfe
Biomüll: Eierschalen, Bananenschale
Altpapier: Zeitung, Papiertüte, Briefumschlag

Miteinander umgehen

Personenraten — Seite 26

Sankt Martin — Seite 29

1.

1. Martin reitet durch den Schnee.

2.

2. Der Bettler sitzt am Wegrand.

3.

3. Martin zerteilt den Umhang.

4.

4. Martin reicht dem Bettler den Umhang.

Ich helfe dir

Seite 30

- Ich tröste es und nehme es in den Arm.
- Ich lache es aus.
- Ich laufe schnell weg.
- Ich helfe dem Kind und halte zu ihm.
- Ich tröste es. Ich spiele mit dem Kind ein anderes Spiel.
- Ich schimpfe, weil das Spielzeug kaputt ist.
- Ich verrate der Mutter, dass das Spielzeug kaputt ist.

Feste feiern

Das Osterlamm

Seite 34

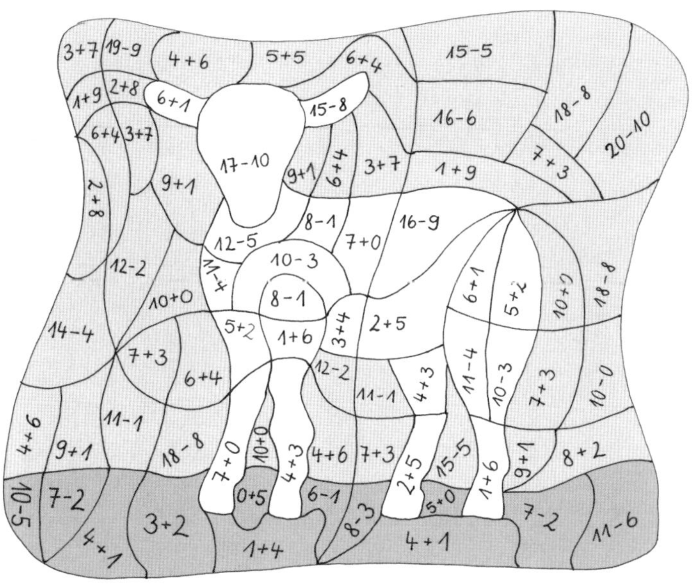

Erntedank: Früchte und Gemüse raten

Seite 35

Erntedank: Quiz **Seite 37**

Lösungswort: Apfel

Adventsrätsel **Seite 38**

1. Adventskranz
2. Samstag
3. sechs
4. Kartoffelsalat
5. Christi Geburt
6. die vier Sonntage vor Weihnachten
7. Es ist der 21.12.

Jesus kennenlernen

Jesus und seine Apostel **Seite 42**

Aufgabe 2: Es fehlt Matthäus.

Jesus hat ein großes Herz **Seite 43**

Aufgabe 2:

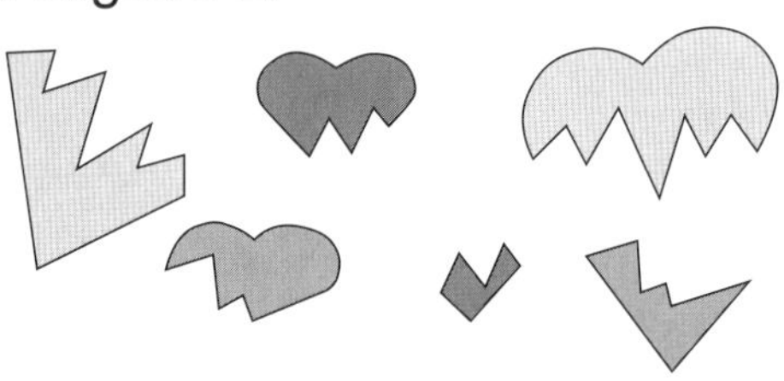

Jesus erzählt vom guten Hirten **Seite 45**

Aufgabe 2: Buchstaben: l, a, S, l, t
Lösungswort Stall

Jesus heilt einen Taubstummen **Seite 47**

2	Jesus sah zum Himmel und sprach: „Tu dich auf!“
3	Der Mann konnte wieder hören und sprechen.
1	Jesus legte die Hand auf.

Jesus: Suchsel **Seite 52**

J	E	S	U	S	R	W	Q	Z	T
R	G	N	M	A	S	D	F	G	H
A	F	B	L	I	N	D	R	T	J
P	D	A	H	E	R	Z	K	L	P
O	A	S	W	Q	Y	X	B	N	M
S	D	T	H	W	S	C	H	A	F
T	P	A	D	I	W	Q	Y	V	K
E	X	U	U	P	R	Ö	M	E	W
L	Y	B	W	X	H	T	Z	U	I
X	F	G	Y	C	V	L	E	M	O

Unsere Kirche

Unsere Kirche — Seite 53

Das Wort „Kirche“ ist 26-mal zu finden. Außerdem haben sich die Wörter „Fenster“ und „Gebet“ versteckt.

In der Kirche — Seite 54

Unterschiede — Seite 56

Jonas ist katholisch.
Er geht in die Kirche.
Zuerst taucht er seine Finger in das Weihwasserbecken und bekreuzigt sich.
Dann setzt er sich.
Der Pfarrer beginnt den Gottesdienst.
Er hält Wein und Hostie in die Höhe und die Messdiener klingeln mit Glöckchen.
Dann darf Jonas zur Kommunion gehen. Er bekommt eine Hostie, den Leib Christi.
Jonas geht froh nach Hause.
In der Kirche gefällt es ihm gut.

Jana ist evangelisch.
Sie geht in die Kirche.
Sie setzt sich.
Die Pfarrerin beginnt den Gottesdienst.
Sie hält Wein und Hostien bereit für das Abendmahl.
Dann darf Jana zum Abendmahl gehen.
Sie nimmt die Hostie, den Leib Christi, entgegen und trinkt aus dem Becher.
Jana geht froh nach Hause.
In der Kirche gefällt es ihr gut.

Geheimschrift — Seite 58

Der Himmel auf Erden ist überall dort, wo Menschen sich lieb haben.

Geschichten aus der Bibel

David und Goliath **Seite 59**

Lösungssatz: Vertrau auf Gott

Die Arche Noah **Seite 62**

Die Rebe **Seite 64**

Aufgabe 2:

TRAUBEBIRNEAPFELORANGETRAUBEAPRIKOSEZITRONETRAUBE
KIWITRAUBEMANDARINETRAUBEANANASBANANETRAUBEKIWI
MANGOPAPAYATRAUBEAPFELTRAUBEANANASTRAUBEAPRIKOSE
APFELSINETRAUBEBIRNETRAUBEKIWIORANGETRAUBETRAUBE
TRAUBEMANDARINEPFLAUMEHIMBEERETRAUBEANANASKIWI
ERDBEERETRAUBESTACHELBEERETRAUBEZITRONEGRAPEFRUIT
TRAUBEHIMBEEREPFLAUMEAPFELTRAUBEBANANEPOMELO
BIRNEPAPAYAMARACUJATRAUBEERDBEERETRAUBEAPFELSINE

Das Wort „Traube“ findet sich 21-mal.

Abrahams Weg nach Kanaan: Rätsel **Seite 65**

Jakob und Esau **Seite 67**

Brüder, Erstgeborener, Isaak, blind, Jakob